ADRESSE

AUX LIBÉRAUX.

Le même Auteur a publié récemment les deux
Ouvrages suivans :

Jugement impartial sur Napoléon, ou *Considérations
philosophiques* sur son caractère, son élévation, sa
chute, et les résultats de son gouvernement, suivies
d'un parallèle entre Cromwell et Napoléon, entre
la Révolution d'Angleterre et la Révolution française, 1 vol. in-8°, prix, 5 fr., et 6 fr. par la poste ;
à Paris, chez Aimé André, quai des Augustins, n. 59.

Comment cela finira-t-il ? ou *Indication des remèdes
à notre agitation politique,* brochure in-8°, prix, 1 f.
A Paris, chez le même libraire, et chez madame Cel-
lis, rue du Cherche-Midi, n. 4.

ADRESSE

AUX LIBÉRAUX.

PAR H. AZAÏS.

A PARIS,

CHEZ {
BÉCHET, libraire, quai des Augustins, n. 57;
Aimé ANDRÉ, quai des Augustins, n. 59;
Et les Libraires du Palais-Royal.

1820.

PRÉFACE.

L'ÉCRIT que l'on va lire était imprimé et prêt à paraître, au moment où une auguste victime est tombée sous le poignard d'un furieux. La France entière a fait un cri de douleur et d'effroi; dans ce trouble universel, les opinions, frappées de stupeur, ont semblé anéanties.

Quelques passions, au contraire, ont augmenté de violence; elles se sont acharnées contre l'homme d'État qui, également dévoué à la famille régnante et à la patrie, a brisé, depuis quatre ans, avec autant d'habileté que de zèle, tous les efforts des factions.

Que de peines se sont accumulées sur le cœur du Roi! Mais le salut de la France a demeuré sa pensée principale; aidé par la noble générosité de M. Decazes, il lui a permis de céder personnellement à l'orage, en même temps que, par les successeurs qu'il lui a donnés, il a proclamé hautement la conservation des principes sages et conciliateurs.

Ainsi, une vérité importante, déjà certaine pour les hommes judicieux, est maintenant pleine d'évidence : la prudence et l'équité politiques de M. Decazes étaient en harmonie parfaite avec les intentions du Roi; et tel était le principe de la haute confiance que le Roi lui avait accordée. Le nouveau Ministère, animé des mêmes sentimens, succède à la même confiance; il exécutera, par inclination et par obéissance, les mêmes pensées d'ordre, de conciliation, de justice. Le Gouvernement du Roi est donc invariablement fixé; il sera ce qu'il a été, ce qu'il doit être : ferme dans une modération tutélaire et dans une paternelle impartialité. Dès ce moment, le

devoir des hommes qui cherchent à être
fidèles au Roi et à la patrie, devient clair
et prononcé; l'hésitation des hommes timides va être enfin prévenue; leur adhé-
sion, décidément entraînée, accroîtra con-
sidérablement la puissance du Gouvernement et de la raison.

Cependant, les causes immédiates de
nos souffrances et de nos troubles existe-
ront quelques temps encore (1), causes
bien plus puissantes, bien plus effrayantes
que la division des esprits, car la division
des esprits n'est que leur auxiliaire ou leur
prétexte; causes enfantées par les événemens terribles qui, depuis trente ans, ont
agité et ensanglanté le monde; causes dont
la nature est de perpétuellement s'accroître,
jusqu'à ce qu'elles entraînent, en France,

____

(1) Je les ai exposées dans l'écrit que j'ai publié récemment sous ce titre : *Comment cela finira-t-il? ou Indication des remèdes à notre agitation politique.*

en Angleterre, en Allemagne, d'horribles catastrophes.

Sans doute, le Roi de France et tous les Souverains de l'Europe se concilient pour les écarter; mais ce concert est loin de suffire. La sagesse et le pouvoir des Rois n'ont plus une force irrésistible; dans tous les États, l'opinion du peuple est devenue une puissance majeure; elle est nécessaire aux succès de tous les projets formés par le Gouvernement.

Il suit de-là que nul bien n'est possible aujourd'hui dans un État, lorsque l'opinion du peuple y est égarée; et c'est à quoi elle n'est que trop exposée, lorsque les hommes les plus véhémens, et du talent le plus remarquable, se laissent égarer eux-mêmes par le sentiment impétueux des souffrances générales, ne savent plus accueillir que des plaintes injustes, n'expriment plus que des idées exagérées, n'adoptent plus que des préventions.

Alors, il n'y a qu'erreur et passion dans

l’opinion du peuple; les hommes honnêtes sont prêts à commettre toutes les fautes, les hommes violens à commettre tous les crimes; la société entière est dans un affreux péril.

Tel est le caractère de notre situation actuelle. Depuis un an, la licence de la presse a fait que les opinions du peuple sont devenues fausses par exagération, dangereuses par irritation, séditieuses par besoin de vengeance; selon qu’elles enflamment un jeune enthousiaste, ou un brigand fanatique, ou un monstre atrabilaire, elles sont prêtes à produire un Sand, un Trestaillon, ou un Louvel.

Quel est donc aujourd’hui le devoir des hommes justes? C’est d’être hautement justes et vrais; c’est d’éclairer le peuple, c’est de calmer ses ressentimens, d’adoucir ses pensées, de le ramener vers cette modération qui est une source si abondante de raison et de lumière.

Il est un droit précieux donné par la

justice : c'est la franchise. Dans l'écrit que l'on va lire, ainsi que dans ceux qui l'ont précédé, j'ai exercé ce droit sans crainte et sans réserve. Je me promets de ne jamais l'abandonner.

ADRESSE

AUX LIBÉRAUX.

———

Fʀᴀɴçᴀɪs, à qui la Révolution est chère, qui, pour cette raison, avez en horreur les forfaits dont elle fut souillée, écoutez la voix d'un homme qui partage vos sentimens, d'un homme d'ailleurs qui, depuis plus de trente ans, consacre sa vie à la recherche de la vérité, et qui, lorsqu'il la découvre, met son devoir à la dire.

La vérité, sur notre patrie, c'est qu'elle est en danger. La vérité, sur ce danger, c'est qu'il naît surtout de préventions inconsidérées et de frayeurs aveugles.

Vous, Français libéraux, vous êtes redoutés avec excès par les hommes qui s'efforcent de combattre vos pensées.

De votre côté, vous exagérez fortement ce qui

peut se trouver d'inapplicable et de suranné
dans les pensées des hommes que vous com-
battez.

Ces deux excès, à force de se produire mutuellement, ont fini par donner à toutes les opinions des formes hostiles ; en sorte que des
haines positives sont excitées, envenimées, par
de notables erreurs.

Français de tous les partis, il est donc pressant que vous réduisiez à leur juste valeur les
choses qui vous épouvantent et vous divisent.

Français libéraux, vous craignez la contre-
révolution ; elle est impossible. Que vous impor-
tent les tentatives que pourraient faire quelques
hommes pour la commencer? Dès leurs premiers pas sur cette ligne, une voix impérieuse,
la voix de la nécessité, la voix de l'évidence,
les déclarerait bien plus que téméraires ; elle les
proclamerait absurdes, insensés : or, en France,
il n'est pas de titre plus effrayant ; dès l'instant
qu'il est appliqué par une opinion majeure, il
glace l'ardeur la plus fougueuse.

Et croyez que la connaissance de cette opinion est déjà dans l'âme de presque tous les
hommes que leurs regrets, leurs relations, sem-
blent attacher à la cause des anciens intérêts.

C'est par les grands seigneurs, par les nobles, par la presque totalité du clergé, que la Révolution plébéienne et philosophique a été commencée : les mêmes idées, saines, judicieuses, libérales, qui alors les entraînèrent, leur commandent encore, quoiqu'ils s'efforcent de s'en défendre. Au sujet de la religion et de l'égalité civile, ils pensent tout ce qu'ils ont pensé, car, dans leurs habitudes ordinaires, ils n'ont, la plupart, ni arrogance ni intolérance. Quelques-uns, sans doute, tiennent souvent un langage qui manque de justice ; mais, désavoué intérieurement par eux-mêmes, ce langage n'est que le contre-coup irréfléchi des peines qu'ils souffrent ou de celles qu'ils ont éprouvées, ou bien encore, de l'exagération que vous aussi, Français libéraux, vous mettez souvent dans le vôtre ; et quant aux déclamateurs, forcenés ou emphatiques, qui ne cessent d'offenser la raison et l'équité, il n'y a en eux rien de sincère ; ils ne font que remplir un rôle. Or, quel est l'acteur qui, pour l'honneur de son rôle, exposerait sa vie, ou seulement sa tranquillité ?

Mais vous craignez qu'au parterre ces acteurs politiques ne fassent des dupes, des enthousiastes. Le temps en est passé. Au parterre, et même sur le théâtre, il y a encore quelques enthousiastes vrais, par cela même dignes de ménagemens et d'estime; car la véracité est partout une qualité honorable. Mais leur nombre et leur influence diminuent sans cesse; ils l'aperçoivent et en gémissent; chaque jour, leur zèle se heurte vainement contre la dérision, et, ce qui est plus désolant pour eux, contre l'indifférence; chacun de leurs efforts est suivi, pour leur cause, d'une augmentation de faiblesse. Voyez les Missionnaires; je les suppose tous d'une ardeur franche, apostolique; qu'ont-ils fait? qu'en est-il resté? Partout où ils ont passé, la Religion s'efface.

Si tels sont tous les effets que parviennent à produire les hommes sincères et persuadés, que craignez-vous de ceux dont les paroles expriment tout autre chose que leurs pensées? Celles-ci se manifestent par tous leurs actes; leur conduite continue est un discours continu d'une bien autre éloquence que leurs déclamations et leurs livres; ce discours-pratique est celui que le peuple écoute, et qu'il ne remarque jamais plus vivement que lorsqu'il entend leurs bouches profanes prononcer des mots pompeux ou mystiques; alors même il prend en haine, ou en pitié, ce que ces mots indiquent.

Ainsi, partout où un faux apôtre se fait en-

tendre, bien loin que la cause soutenue et re-
grettée par les apôtres vrais et conséquens y gagne
quelque chose, il se fait contre elle un malheu-
reux et injuste concert d'indignation ou de mépris; ce qui lui porte un immense dommage.
Les plus grands ennemis de toute institution,
soit politique, soit religieuse, sont l'hypocrisie
et l'ostentation.

Au point où, depuis quatre ans, ces deux
puissances de destruction ont amené les choses,
il n'y a plus, pour l'ordre ancien, de résurrec-
tion possible. Supposez toutes les circonstances,
toutes les révolutions de Ministère, qui semble-
raient devoir lui être le plus favorables, et l'influence de ces événemens sera sans force, sans
durée; et l'homme en pouvoir qui voudrait s'en
servir contre le mouvement du siècle, rencon-
trerait tant d'obstacles, qu'il se découragerait,
ou bien il serait brusquement renversé.

Français libéraux, savez-vous pour qui surtout ces vérités sont évidentes; c'est pour quelques hommes éclairés, prévoyans, plus adroits
que vous ne pensez, et qui se trouvent, non dans
vos rangs, non à votre tête, mais à la tête de vos
adversaires. Ces hommes tiennent habituelle-
ment un langage qui vous irrite; ils revêtent de
formes insultantes des idées dont ils connaissent

aussi bien que vous l'absurdité; c'est ainsi qu'ils vous excitent à perdre toute mesure; vous vous jetez alors dans l'exaltation de libéralisme, et dans l'inconvenance de langage; les plus ulcérés d'entre vous en viennent à parler, à écrire, d'un ton qui rappelle des temps effroyables; les hommes timides se croient menacés de les voir revenir; ils mettent leurs frayeurs dans la balance de l'opinion publique; ils la font pencher vers les déclamateurs qui du moins, disent-ils, ne prêchent que pour des impossibilités matérielles, ou des niaiseries spéculatives, mais qui n'ont pas l'intention de renouveler les fureurs et les principes révolutionnaires, dont ils sont même les ennemis les plus prononcés.

C'est là que l'opinion publique est poussée et attendue. Français libéraux, si vous concourez à la faire tomber dans ce piége, il pourra arriver qu'un événement inattendu, trouvant les dispositions générales fortement égarées, donne la puissance à quelques-uns de ces hommes que je viens de désigner; et aussitôt ces hommes, contre lesquels vous aurez cru que trop de défiances ne pouvaient être excitées, agiront d'une manière tout opposée à vos prophéties. Repoussant leur parti, dont ils connaissent la faiblesse, et qu'ils n'auront exalté comme le plus fort, le

plus nombreux, le plus habile, que pour l'enga-
ger à leur servir de marche-pied, ils se hâteront
de caresser le parti essentiellement fort et national, le parti fondateur, ou héritier, des principes
constitutionnels; ils prendront en main la cause
des intérêts nés de la révolution, et ils soutiendront cette cause avec un zèle sincère, parce que,
l'on ne saurait trop vous le dire, Français libéraux, ils sont aussi persuadés que vous, que ces
nouveaux intérêts, en harmonie avec l'opinion
prépondérante, sont absolument les seuls qui
puissent affermir le Gouvernement, et que, par
conséquent, le Gouvernement doive se hâter
d'affermir.

C'est ainsi qu'ils vous enlèveront, à vous sec-
tateurs constans et réfléchis des idées philosophiques, l'honneur qui vous est dû, l'honneur
de consommer la révolution que, depuis un
demi-siècle, ces idées réclament.

Qu'importe, me diront les plus généreux
d'entre vous? tout ce que nous demandons, c'est
que la Philosophie triomphe; ses victoires même
ne seront-elles pas plus marquées, plus éclatantes, si, pour les remporter, elle se sert des
hommes qui s'étaient déclarés ses plus ardens
ennemis?

Cette générosité est patriotique; mais elle n'est

pas dans l'ordre; pour cette raison, elle ne serait pas sans danger. La génération actuelle s'est élevée pendant la révolution; elle s'est formée pour elle; quelles ne seraient pas son agitation, son inquiétude, sa défiance, si elle voyait toutes les forces créées par la Révolution, passer entre les mains des hommes qui l'ont combattue? Et vous qui, dès sa naissance, l'avez secondée, vous qui l'avez suivie dans sa marche, sans jamais tremper dans ses excès, vous, libéraux sages et judicieux, vous seriez seuls repoussés de l'édifice élevé par votre constance et votre courage?

Cela ne doit pas être; pour l'honneur de la philosophie, pour l'honneur de l'esprit humain, pour l'honneur de la France, ne vous laissez pas exclure de l'œuvre la plus pressante, et qui, un jour, sera la plus mémorable; ne cédez pas aux désirs de vos adversaires; en ce moment, où vous êtes si près du terme de vos efforts, ils espèrent vous imprimer un élan si exagéré, que vous franchirez la barrière; alors, ils s'y arrêteront pour vous.

Je sais que le danger est grand, parce qu'il est caché sous un appareil de mouvemens hardis, éclatans, et même honorables. La Patrie vous en conjure, libéraux judicieux, sachez y résister. Pour cela, un parti sûr vous est indiqué; il est

si manifestement celui de la prudence! donnez
votre confiance au Roi; ne l'a-t-il point méritée?
c'est à votre franchise que j'en appelle; qui de
vous, dans ses momens de calme, de justice, ne
reconnaît pas que le Roi s'est placé avec fermeté
sur la ligne de médiation, de conciliation? et qui
de vous encore, lorsqu'il n'écoute que la voix
de la raison, ne l'entend pas, au fond de son
âme, lui dire fortement: Cette ligne était la seule
qui convînt, non-seulement au caractère du Roi,
à ses opinions, à ses engagemens, à sa situation
politique, mais encore à la France considérée
en elle-même, à la France, pénétrée, honorée
la première, de cette Révolution immense, que
tous les siècles, que tous les peuples ont pré-
parée, à la France, métropole actuelle de la civilisation du monde, à la France, foyer princi-
pal de cette équité philosophique qui doit faire
le caractère éminent de la vérité et de la liberté!

C'est à vous que je m'adresse, Français qui
vous glorifiez, à juste titre, de votre raison et
de votre savoir, quels seraient vos droits pour
exiger que le Gouvernement de votre patrie
n'eût que de l'abandon ou du blâme à verser
sur les hommes qui ne partagent point encore
vos opinions, parce qu'ils ne participent point

encore à vos lumières ? Est-ce un tort de n'être
pas éclairé, ou de ne l'être qu'à ce degré inférieur,
à ce degré préparatoire, qui était le plus élevé,
il y a cinquante ans ? Pourriez-vous affirmer, libéraux éminens, que vos enfans, vos successeurs, ne vous dépasseront pas en raison précise,
en connaissances certaines; et ne craignez-vous
pas de les autoriser d'avance à vous traiter avec
dureté et mépris ?

Soyons vrais; les lumières sont un noble avantage; mais elles ne donnent pas tous les droits,
parce qu'elles ne donnent pas toutes les facultés.
Le courage, la probité, le désintéressement, le
patriotisme, et même tous les talens civils et
militaires, sont parfaitement compatibles avec
la simplicité d'esprit, avec l'ignorance des choses
philosophiques; et le Gouvernement du Roi qui
voit encore, en France, un assez grand nombre
d'hommes, d'un esprit arriéré peut-être, mais
d'une âme pure, ardente, patriotique, doit les
admettre au partage de sa confiance, parce qu'ils
la méritent, parce que de tels hommes peuvent
être bons et utiles dans un grand nombre de
choses utiles et bonnes, parce que le moyen le
plus sûr de les associer au progrès des idées,
c'est de les associer à la distribution générale de
la force publique, et qu'au contraire le moyen

le plus efficace de les rendre, chaque jour, plus
ennemis de nos idées, c'est de les tenir en dehors
de nos intérêts.

Et songez bien que les intérêts sont presque
tout en ce moment, parce que, en réalité, les
idées ne sont séparées que par des nuances;
l'opposition qui les divise, et qui semble si tran-
chée, si acharnée, est presqu'entièrement factice, en ce sens du moins qu'elle est principale-
ment le fruit de cette exagération qui naît, de
part et d'autre, de l'amour-propre humilié et
de l'intérêt froissé. Une chose démontre que,
par elles-mêmes, les opinions ne sont point en
lutte si violente. Sous le Gouvernement de Napoléon, elles ne se combattaient presque plus;
et l'équité nous ordonne de reconnaître qu'il
n'en comprimait aucune; il ne surveillait que
les actes extérieurs. Or cette surveillance, par sa
sévérité même, n'aurait fait qu'exalter, de part
et d'autre, le fanatisme, si les sentimens qui y
conduisent eussent existé; puisque la paix ré-
gnait dans les esprits, c'est que la paix des esprits
était déjà naturelle en France; en aucun temps,
en aucun pays, il ne peut jamais dépendre d'un
homme de troubler les esprits ou de les apaiser.

Mais il peut dépendre d'un homme de favo-
riser les circonstances qui apaisent la lutte des

Intérêts ; et tel fut l'emploi transitoire que Napoléon donna à sa puissance. En imprimant à
la France une extension illimitée, et, pour cela,
en dépouillant, en écrâsant l'Europe, il pré-
senta à tous les Français des espérances de fortune et des moyens d'occupation. C'est ainsi qu'il
établit, pour quelque temps, en France, le calme
politique ; c'est ainsi que, sans danger et sans
résistance, il put donner, à son Gouvernement
intérieur, ce principe salutaire, ce principe de
l'équité et du génie, ce principe qui, dans les
grandes crises, commande fusion et conciliation.

Faut-il donc reprendre son système de politique extérieure ? Non, non, Français ! Et d'a-
bord, rien désormais ne sera plus impossible ;
tous les Souverains de l'Europe sont armés,
unis et avertis. En second lieu, l'expérience a
parlé ; rien, en dernier résultat, ne pouvait
être plus fatal à la France que le système de
Napoléon. Ce que, depuis quatre ans, il faut
expliquer, c'est que la France existe encore. Ne
nous abusons pas ; l'erreur dans les jugemens
ne conduit jamais qu'à des fautes : si la France,
prodigieusement affaiblie, et prodigieusement
divisée, au mois de juillet 1815, n'a pas été conduite, par un enchaînement rapide de convul-

sions, jusques à l'extermination entière, c'est parce que Louis XVIII a été son médiateur auprès des Souverains étrangers. Français, que votre reconnaissance proclame cette vérité déjà historique : Napoléon avait moins conquis que Louis XVIII n'a conservé.

Que vous demande-t-il maintenant ce Roi conservateur? c'est de l'aider à accomplir son ouvrage. Pour terminer la lutte réelle des intérêts, et, par ce moyen, la lutte factice des opinions, une extension d'existence politique est nécessaire à la France; sans cela, elle volera en éclats comme un volcan concentré. Mais, s'il est possible encore d'obtenir une telle extension, ce n'est qu'en employant des formes conciliantes, en manifestant des vœux pacifiques, et en les faisant présenter aux Souverains de l'Europe par un Souverain qu'ils aient l'habitude d'aimer et de respecter. Sans cela, une résistance sourde, mais invincible, naîtra sans cesse d'une défiance amère. Français libéraux, soyez de bonne foi, les Souverains de l'Europe ne peuvent que vous redouter.

Et de ce qu'ils vous redoutent, ne concluez pas que vous puissiez leur imprimer des déterminations contraires à leurs volontés. Ici encore, Français libéraux, votre ardeur, votre fierté vous abusent. Chacun de vous, isolément considéré, est un homme d'une force, d'une activité très-imposantes; mais les Souverains de l'Europe ont de grandes armées; et c'est vous, guerriers français, qui avez donné à ces grandes armées votre discipline, votre tactique et votre valeur.

Ces armées existent, ou, du moins, sont toujours prêtes à se former; il ne leur faut qu'un signal; à la première alarme, vous verriez des légions immenses s'émouvoir, s'organiser, marcher. Avant même que vous eussiez pu vous entendre, dresser vos tentes, vous former de nouveau à des manœuvres impétueuses, vos frontières seraient envahies, Paris serait menacé !....

Français, réfléchissez sur ce que je vais dire : Au commencement de la Révolution, c'est nous qui prîmes au dépourvu tous les Rois et tous les peuples. Au terme de cette Révolution, les choses devaient passer à une situation opposée, car tout se balance dans les sociétés comme dans la nature; ce sont aujourd'hui les Rois et les Peuples qui nous gagneraient de vitesse, qui nous saisiraient sans armes, sans chefs, sans unité.....

Et que le sentiment de votre énergie personnelle ne vous entraîne pas, guerriers Français, à braver de nouveau l'invasion des armées

Européennes; ne citez point l'Espagne; elle était unie; la France est divisée; et de plus, vous le reconnaîtrez sans doute, l'Espagne même, lorsqu'elle était unie, enflammée par un double fanatisme, ne vous eût point résisté sans les armées des Anglais.

Les idées que je vous présente, Français libéraux, importunent votre patriotisme; pour les écarter, on vous dira que, chez tous les peuples de l'Europe, la plupart des soldats sont licenciés, que, rendus à la vie civile, ils y ont déjà contracté cet esprit d'indépendance qui réclame partout des constitutions balancées, que les Rois intimidés n'oseraient plus rassembler et armer leurs sujets, encore moins les exciter contre le peuple éminemment libéral, contre le Peuple-modèle, de peur de les voir s'attacher à sa cause, et déserter en foule les vieux étendarts de la féodalité.

Que d'illusions, Français, naissent d'un sentiment noble en lui-même ! La liberté politique est, sans doute, un bien d'une haute dignité; à votre exemple, tous les peuples y prétendent; mais il est, pour tous les peuples, des biens plus pressans, quoique d'un ordre moins élevé. C'est vous, Français, que j'appelle en témoignage. Si la liberté suffit, pourquoi tant de gémissemens et de murmures? Depuis plusieurs années, ne possédez-vous pas la liberté de fait dans toute son étendue, au-delà même de son étendue? Et serait-ce avec franchise que vous me répondriez : nous ne sommes inquiets et mécontens depuis plusieurs années, que parce que les formes, les garanties de la liberté n'ont pas été fixées; c'est surtout de cette fixation que nous sommes avides, parce que, seule, elle peut donner, à cette liberté dont nous jouissons, de la force et de la permanence?

Ah! la liberté n'est pas, pour les peuples, un champ de discussions métaphysiques; lorsqu'ils la possèdent, à quelque condition que ce puisse être, s'ils se plaignent encore, c'est qu'il leur manque autre chose encore que la liberté.

Oui, Français! à presque tous les peuples de l'Europe, il manque aujourd'hui, comme à vous, ces moyens d'extension, ces occasions de développement, que réclament partout les progrès extrêmes de l'activité sociale et de l'industrie. La Révolution, la guerre même, ont pressé, fécondé ces progrès; presque partout, il y a stagnation de fruits et surcharge de substance; les Anglais, les Prussiens, les Belges, ne souffrent pas moins que vous.

Je vais prononcer une vérité, dont vous reconnaîtrez, tacitement du moins, la certitude. Si la conquête de l'Europe vous était présentée de nouveau comme possible, vous y marcheriez aussitôt; et, ce que vous établiriez partout sur vos pas, ce serait, comme la première fois, la domination du Peuple Français, et non la liberté politique; pendant ce mouvement même, vous seriez trop entraînés, trop exaltés, pour donner quelque attention à la perte de votre propre liberté.

Eh bien! de la part de presque tous les peuples qui vous environnent, les mêmes dispositions naissent des mêmes besoins. Qu'un grand capitaine, un Frédéric, dît en ce moment, aux Prussiens : Amis, vous souffrez sur notre territoire; il ne suffit plus à l'emploi de vos facultés, à l'entretien de vos familles; la France est près de nous; opulente, fertile, elle nous offre une immense fortune; et ses habitans, quoique pleins de courage, ne nous résisteront pas; ils sont si divisés! et comme leurs dissensions fatiguent tous les Souverains, ceux-ci soutiendront notre entreprise; marchons!

Français, n'en doutez pas ; les Prussiens suspendraient toutes leurs réclamations constitutionnelles ; ils marcheraient contre nous ; bientôt ils entraîneraient tous les peuples de l'Europe.

Je n'ai fait qu'une hypothèse ; mais elle explique ma pensée ; et je sens le devoir d'expliquer ma pensée. Les grandes vérités aujourd'hui sont nécessaires à connaître, précisément parce qu'elles sont dures à entendre. Français, d'une opinion quelconque, écoutez cette vérité ; elle est dure pour moi comme pour vous :

En ce moment, les peuples de l'Europe, bien loin d'être mutuellement disposés à des ménagemens philantropiques, se précipiteraient de nouveau les uns sur les autres, s'ils n'étaient retenus par les Souverains. Sans doute, ils désirent des institutions libérales, parce que leur civilisation s'est avancée ; mais un besoin plus pressant, quoique vague dans son objet, les porte vers la guerre ; c'est le besoin d'espace pour leurs amouvemens, d'emploi pour leur industrie, d'exercice pour leur activité. Or, telle est, depuis les désastres de 1814, la situation respective des divers peuples de l'Europe. La France est sans alliés, et tous les Souverains sont unis

pour surveiller la France; hommage très-écla-
tant sans doute, mais singulièrement digne
d'une attention sérieuse; il démontre que nous
ne pourrions porter nulle part nos armes avec
avantage, et que l'Europe entière, s'armant de
nouveau, pourrait, je ne dis pas nous vaincre,
mais nous accabler. N'en doutez pas, Français,
à la première de nos amorces brûlées, tous les
canons de l'Europe seraient pointés contre nous;
et, depuis Moscou, Leipsick et Waterloo, que
sont devenus les nôtres?.....

D'un autre côté, l'Europe, presque entière,
étant livrée à une fermentation intestine, il importe vivement aux Souverains que nos discordes
ne prennent pas un certain degré de violence,
car elles se propageraient comme les flammes
d'un incendie. Mais les Souverains sont attentifs
à nos combats politiques, à tous nos mouvemens; ils sont en mesure d'en prévenir les com-
munications funestes; dès l'instant où ils pourraient craindre la contagion de notre efferves-
cence, ils auraient subitement recours à un
très-puissant remède; ils armeraient leurs peuples contre la France; ils leur offriraient la
France à conquérir, à partager, à dévorer; c'est
ainsi qu'ils dévieraient sur nous leur inquiétude
et leur exigeance; c'est ainsi qu'ils fourniraient

de l'espace à leurs mouvemens, de l'exercice à leur activité, de l'emploi à leur industrie.

Français généreux, vous frémissez! libéraux sincères, vrais patriotes, vous vous révoltez contre ces paroles fatales! Mais, n'est-ce pas l'évidence qu'elles vous présentent? et, sous le poids de l'évidence, ne devez-vous pas laisser tomber votre irritation, votre fierté? La générosité magnanime se compose à la fois de courage, de raison et de prudence. Croyez-en un vieux champion de la gloire nationale; ce n'est pas dans les camps que j'ai eu l'occasion de la défendre, mais j'ai affronté pour elle tous les périls que j'ai rencontrés. J'appelle les braves Lorrains en témoignage; tant que la suprématie française n'a pas été impossible, j'ai concouru, de toute mon ardeur, aux efforts qui pouvaient nous conduire à l'obtenir; mais, dès le récit de la bataille de Waterloo, j'ai senti que ce n'était plus de suprématie politique et d'éclat national qu'il s'agissait; j'ai tremblé pour l'existence même de ma patrie; j'ai vu que, pour prévenir sa ruine, brusque et affreuse, d'immenses concessions devaient être faites de nouveau par son médiateur auguste; j'ai consacré toute ma raison à démontrer à mes amis la nécessité urgente de ces

concessions cruelles; j'ai employé mon courage
à braver leur étonnement et leur improba-
tion.

Français libéraux, aujourd'hui encore, je
remplis un devoir, et je fais un acte de courage; je vous offense; mais la raison le veut; et
la raison n'est-elle pas la vraie loi de l'homme
libre? Or, en politique sociale, que dit la Raison? Que des maux tolérables, que des souffrances obscures, doivent être préférées à des
catastrophes éclatantes; qu'il n'est pas permis
aux hommes qui, par la supériorité de leur esprit, exercent une noble autorité sur les peuples,
de les entraîner à affronter la mort; dans le sein
des peuples les plus énergiques, il y a tant
d'êtres timides et faibles! Ecrivains libéraux,
quels seraient vos droits de les dévouer à des
calamités sans mesure? Ah! comme Ecrivain,
comme citoyen, comme Père de famille, je sens
une mission plus belle et plus auguste; je vole,
de toute mon âme, de toute ma prévoyance, au
secours de la faiblesse; les sentimens pompeux
n'étouffent pas en moi le sentiment de la vérité
et les droits de la nature; l'ordre public, la paix
sociale, sont, à mes yeux, les premiers biens
politiques; et je solliciterais, oui, je solliciterais, jusqu'à la servitude, si la servitude seule

pouvait sauver d'effroyables malheurs mes enfans et mon pays.

Mais la servitude est infiniment loin de la condition qui nous est présentée ; quelles que soient les formes du gouvernement qui s'avance, et les précautions temporaires que les circonstances exigent, nous sommes libres, nous resterons libres ; le Roi le veut ; la Révolution le commande ; depuis long-temps, le fleuve de la Révolution est en marche pleine et abondante ; que tantôt il se porte vers sa rive droite, tantôt vers sa rive gauche, ces sinuosités légères ne sont d'aucune importance, ou même elles servent à affaiblir la brusquerie de ses mouvemens ; l'essentiel est qu'il s'écoule vers son but sans rencontrer d'obstacles formidables ; son but est marqué par deux colonnes imposantes ; LIBERTÉ D'OPINIONS, ÉGALITÉ DE DROITS ; depuis long-temps il les baigne sans résistance ; le 5 septembre écarta les dernières masses informes qu'un accident d'une grande violence avait jetées dans son lit, mais qui n'avaient pu contracter avec le sol aucune adhérence ; depuis cette journée mémorable le cours du fleuve est spacieux et assuré.

C'est à vous, Français, à ne plus chercher sur ses flots qu'une navigation paisible. Le Pilote qui vous conduit est le même Prince qui, au mois de septembre 1816, vous délivra des masses importunes; c'est le même Prince qui, à l'assemblée des notables, il y a trente-deux ans, proclama hautement les droits du peuple. Telle est la destinée de votre Roi; il posa les premières bases de la grande restauration sociale; il est revenu avec l'intention et le pouvoir de la terminer. C'est tout son vœu, toute sa pensée; c'est tout l'intérêt de son trône et de sa gloire; c'est tout l'emploi de ses réflexions et de ses lumières; et croyez que, par sa position qui le met en contact avec toutes les sommités de l'Europe, il a la faculté de voir, en politique, beaucoup plus et beaucoup mieux qu'aucun de nous. Je ne vous dis point de vous livrer en aveugles; le Roi lui-même est bien loin de vous le demander; mais il est une confiance libérale qui, fondée sur la justice, devient un devoir pour les âmes généreuses. C'est celle que je professe; c'est celle dont je m'honore.

Français, nos malheurs toucheraient à leur terme, si je vous entraînais à la partager.

www.ingramcontent.com/pod-product-compliance
Lightning Source LLC
Chambersburg PA
CBHW061722060726
47597CB00006B/2527